떠도는 자의 노래

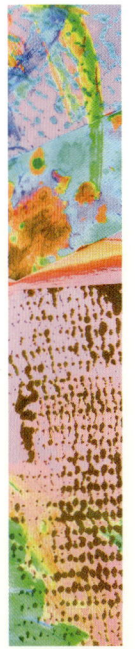

떠도는
자의 노래

신경림 외

동국문학인회 시화집

쏠트라인
SALTLINE

■ **인사말**

'동국문학인회'는 현재진행형이다

김금용 시인(동국문학인회 회장)

올해는 초파일에 개최하자고 기획했던 시화전 일정을 가을에 열게 됐다. 11월 2일부터 고창 미당문학 축제가 시작되기 때문이다.

미당문학관 운영팀에서 동국문학인회 시화전을 함께 하자는 의견을 줘서, 9월 30일(월) 5시부터 동국대학교 본교 석조관 앞 코끼리 광장에서 25일간 전시를 갖고, 이어 고창 미당문학관에서 11월 말까지 전시를 이어가기로 했다.

작년에 낸 시화집은 올 5월 22일 타계하신 신경림 선생님의 시「홍수」중에서 제목을 "혁명은 있어야겠다"로 출간했는데, 반응이 좋아서 재판을 찍었다. 또한 본교 전시회를 마치자마자 청평역 앞과 근린공원에서도 여러 달 전시했다. 그래서 올해도 고창 미당문학관 전시가 끝나는 대로 청평역 앞 공원에서 전시를 계속 이어가기로 했다. 시화집 제목은 올해도 故 신경림 선배님을 기리는 뜻으로 "떠도는 자의 노래"로 정했다.

그동안 동국문학인회 회원이 늘어나 작년엔 출품작이 70편이었는데 올해는 82편이나 된다. 재학생들의 자발적 참여가 많기 때문이다. 거기에 국전 화가이기도 한 윤고방 시인의 재능봉사로 내주신 그림을 전체 시화로 채울 수 있어서 작년에 이어 편집이 다채롭다.

이처럼 동국문학인회 회원들의 참여율이 높아져서 올해는 시화집 출간에 이어 동국시집 발간과 동국문학상 시상식 및 총회를 10월 18일 본교 문화관 2층 학명세미나실에서 열고, 법인체 등록 신청을 서울시에 하려고 한다.

만해축전위원회의 지원금과 회원들의 자발적 회비 납부에 힘입어 서울시 지원까지 받게 된다면, 동국문학인회 이름으로 법인 통장을 만들고 사무실까지 마련할 수 있게 된다. 이것이 현재 운영진의 꿈이기도 하다. 그렇게 되면 다음 회장단부터는 백일장이라든가, 동국문학을 빛내줄 기획을 어려움 없이 진행할 수 있을 것이다.

아무쪼록 '동국문학'의 자랑스런 전통과 역사가 과거형이 아닌, 현재진행형으로 미래로 발전 계승되기를 기원한다.

차례

■ 인사말 | 김금용 시인(동국문학인회 회장)

1부

강경애	무엇이 되어 다시 오려나	012
강민숙	못	014
강상윤	오세암五歲庵	016
강서일	초록의 시간	019
강영은	시간의 연대	020
고미경	여수	022
고영섭	절창絶唱	024
공광규	여름 연밭	027
권성희	종교	028
김금용	들풀 춤사위	031
김미연	자화상	032
김밝은	참, 눈물겹기도 하지	034
김보화	샛별	037
김상미	파란 볼펜	038
김선아	하늘에 닿으려는데	040
김애숙	경사	042
김운향	강	045

2부

김유자	나무	048
김윤숭	그 자리	050
김윤하	렌티시모 혹은 피아니시모	053
김창희	길에게 문득,	054
김현지	不二門 지나며	056
동시영	수평선은 물에 젖지 않는다	058
리 산	무사	061
문봉선	애착하는 사이, 소시오패스사이코패스	062
문정희	프리웨이	066
문효치	벌레	069
박금성	여행인	071
박법문	님이 오시는데	072
박소란	기차를 타고	074
박인걸	협상	078
박인옥	작아지며 크는 키	080
박종일	눈이 사는 곳 안나푸르나 8091미터	082
박진호	기연	085

3부

박형준	몽유의 밤	088
배효주	지금은	090
서정란	꿈	093
서정혜	금의 횡포	094
석연경	혈사경血寫經	096
신경림	떠도는 자의 노래	098
심봉구	연가戀歌	100
염은초	시계 반쯤이었나?	102
윤고방	족보 있는 첫사랑	104
윤재웅	혹시 조폭이세요?	107
은이정	Kiss and Ride	108
이기순	나의 꽃길	110
이명지	나의 독서법	113
이서연	나의 오월이여	114
이선녀	오누이 감자	117
이순희	어비魚飛	118
이어진	플루트 속의 분홍 장미	120

4부

이영경	데이터 은행	124
이이향	잠깐 다녀온다더니	126
이일기	휘파람	128
이재무	나비	131
이정현	광기 팝니다	132
이혜선	국화꽃바다	135
이희경	내가 아닌 것들	136
임보선	고독	138
임정숙	다리 위에서	141
장정수	장편掌篇	142
정민나	로맨스 컬링	146
정서화	형광등적 사건	149
정숙자	추억으로 오는	150
정우림	탁본	153
정윤서	설렁탕	154
정재율	온다는 믿음 2	156
정지윤	꽃이 열렸다 닫히는 동안	158

5부

정희성	종달리	162
조미경	늦가을의 서곡	164
조병무	무슨 색깔이 나올까	166
조해주	밤산책	169
주선미	이별의 방식	171
지연희	텅 빈 손짓	172
차옥혜	꽃보다 눈부신 사람	174
차유오	관찰	176
채상우	비 그치고 풀 비린내 잦아드는 저물녘 수저 내려놓고 잠깐 딴 데 보는 동안 수만 장 비늘 무량으로 떨구고 내가 영영 모를 아주 먼먼 데로 헤엄쳐 가는 물고기 한 마리	179
최병호	면面에서 자라는 것들	180
최민초	봄, 요이땅	182
허정자	백목련	185
홍신선	향내 한 점	186
휘 민	한로	188

1부

무엇이 되어 다시 오려나

강경애

이곳, 이 자리 어쩐지 낯이 익네
언젠가 어느 생에 무엇인가로 왔던 것 같은
알 수 없는 그 기억

영원한 진리를 터득한
영혼은 몸을 얻어
철학자로도 오고 시인으로도 다시 온다는데
이도 저도 아닌
나는 무엇으로 왔다가
그들처럼 우주의 고향으로 되돌아갈까

넘실대는 윤회의 물결 속에서
이 자리에 무엇이 되어 오려는지 알 수 없지만
나는 눈여겨 익히며 주춤주춤 떠나네.

못

강민숙

못 하나 뽑는 일이
얼마나 아픈 일인가를
못을 뽑아본 사람은 안다.

장도리와 망치 불끈 들고
못의 목을
겨누어 뽑아본 사람은
못의 흔적
그 횅한 자리를 안다.

 누구도 채울 수 없는
못의 자리
사람이 못이었음을 안다.

언젠가 한 번은 뽑히고 말

그 자리에

나는 오늘

내 삶의 외투를 건다.

오세암五歲庵

강상윤

오세암 절 뒷방에서 잠을 잔다
기상청 예보가 한두 번 틀리는 것은 아니지만
큰비 소식이 없었는데도
산중에 밤이 되자 빗줄기가 거세진다

새벽이 될 때까지 쉬지 않고 내리는 비
설화 속 동자승처럼 오들오들 떨며
관세음보살을 염했으나 잠이 오지 않는다
암자가 빗물에 떠내려가면 어쩌나

설화 속 동자승이 되어 삼촌 스님이 돌아오길
손꼽아 기다려 본다
겨울 석 달 혼자 지내는 것도 무섭지 않다
스님 말씀대로 관세음보살을 염하면
실제로 '저 어머니가 언제나 찾아와서

밥도 주고, 재워도 주고, 같이 놀아도

줄 것이기' 때문이다

관세음보살만 외우면 살 수 있다

눈이 오면 어쩌랴

짐승이 다가오면 어쩌랴

배고프지도 않다

춥지도 않다

관세음보살觀世音菩薩

관세음보살觀世音菩薩

초록의 시간

강서일

수만 개의 잎사귀 아래
누워본 적 있는가
그것도 아주아주 늙은 나무 아래
몸을 맡겨본 적이 있는가

시냇물처럼 문득 쏟아지는 저
둑을 마구 넘치는 매미 소리에
꿈꾸듯 깨어본 적 있는가

하늘은 가지 끝에 걸리어
눈썹 하나까지 유쾌히 맡긴 채
시간은 얼마 동안 저 혼자였다

온통 초록빛이었다

시간의 연대

강영은

돌 위에 돌을 얹고 그 위에 또 돌을 얹어
궁극으로 치닫는 마음

마음 위에 마음을 얹고 그 위에 또 마음을 얹어
허공으로 치솟는 몸

돌탑은 알고 있었다

한 발 두 발 디딜 때마다 무너질 걸 알고 있었다
무너질까 두근거리는 나를 알고 있었다

그건 내가 태어나기 전의 일이므로

조그만 돌멩이를 주워
마음의 맨 꼭대기에 올려놓았다

태어나기 전의 돌탑을

태어난 이후에도 기다렸다

한곳에 머물러 오래 기다렸다

돌멩이가 자랄 때까지

돌탑이 될 때까지

여수

고미경

당신은 여수에 가자고 했습니다

동백이 기다린다고

나는 가지 않았습니다

혼자 피었다가

혼자 지도록

모르는 척하고 싶었습니다

그렇게 피어나

속수무책으로

꽃은 저물고

다시 봄날

새는 아무것도 모르고 울지만

당신이 여수라서

동백이라서

나는 꽃멀미가 멎질 않습니다

절창絶唱

고영섭

화살은 시위를 떠나
몰현금沒絃琴의 여운만 남겨둔 채
마지막 안간힘을 다해
필사必死의 힘으로 달려간다

눈에 비늘을 쓴 채
허방에 쏘았던
무수한 노래의 화살들
오늘 내 살 촉에 맞은 해가

세 발 달린 까마귀의
눈빛으로 되살아나
돋보기의 초점 안에서
삶의 무늬를 그리는 순간

정곡正鵠의 도가니에

온몸을 던져버린

화살의 전 생애

나는 이미 없다.

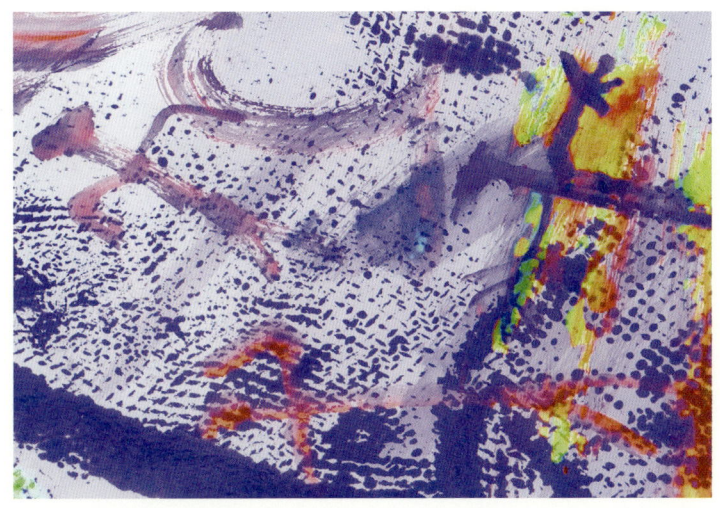

여름 연밭

공광규

붉은 연꽃에 방울방울
흘러내리는 빗물이 푸른 연잎에 고여
흰 구슬을 만들고 있다오

구슬 천말만말 만들어 연못에 쏟아붓느라
시골집 작은 연밭은
장마철만 되면 바쁘다오

종교

권성희

1
누군가 종교가 있냐고 물어오면
신은 있다고 믿는다고만 했다.
가끔 성당엘 들렸고 처음으로 가본 낙산사에선
불상을 앞에 두고 손을 모아 소망을 읊조렸다.
내려오는 길엔 연못 한가운데
동전을 던지며 소원을 빌기도 했다

2
오랜만에 들른 반가운 곳이지만
에어컨 냉기에 햇빛이 간절하다.
말복은 지났지만
온탕과 냉탕을 넘나드는 모호함 속에,
빨간 두건과 앞치마를 두른 마리아가
입을 벌린 채 졸고 있다.

서울타워 근처에 자리 잡은 식당에서
매일 특별할 것 없는 마리아는,
땅속 씨앗의 하품처럼 고단한 예배를 버티고 있다.
인기척에 깨어난 마리아가 반쯤 뜬 눈으로 몸을 세웠고,
다시 종교의식을 행하기 위해 매무새를 가다듬었다.

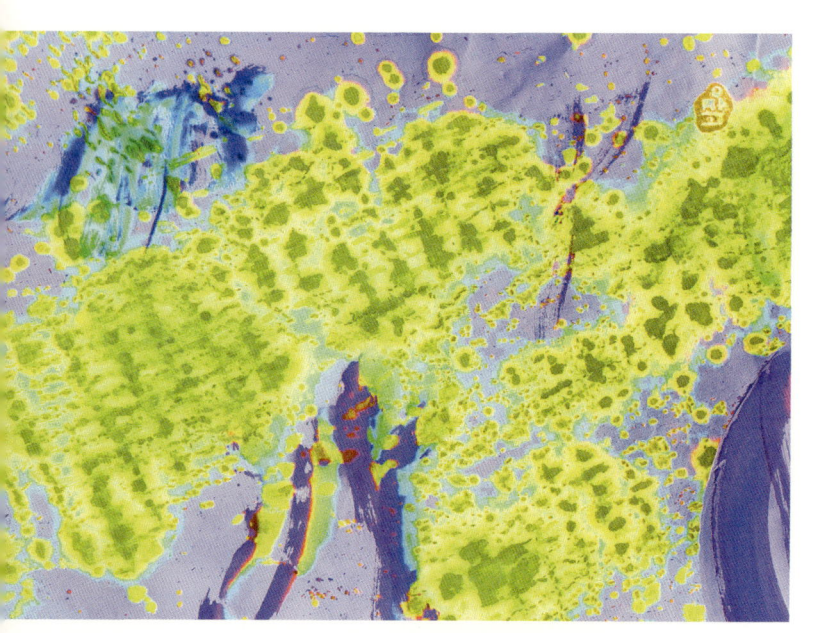

들풀 춤사위

김금용

등 뒤에서 노을이 안아줄 때 좋아라
하나하나 살아나서 온몸이 간지러워라
오색 둥근 바람을 따라 두 팔을 벌리며 달려가면
두 팔 두 다리도 가볍게 떠오르고
팔을 벌려 무술 팔괘 모습을 흉내 내다보면 독수리도 되고
다리 하나 올려 곧추서면 우아한 학이 되고
장난스레 몸을 웅크리면 원숭이도 되어 자유로워라

춤사위엔 가드레일이 없어라
시선을 마주하면
민들레도 엉겅퀴도 온몸을 흔들어라
고양이도 강아지도 날아가던 참새도 어깨춤 추며 달려라
서로 밟고 뜯어 먹혀도
들꽃이 들풀이 함께 춤추는 너른 초원
나를 허무니 좋아라
춤사위에 실린 노을도 불콰해서 좋아라

자화상

김미연

새벽이 눈꺼풀을 들어올렸다
거실 한쪽을 어슴푸레 비추는 달빛에
유리창 속에 서 있는 여자를 얼핏 보았다

어둠에 짓눌린 초조한 얼굴

눈은 붉게 충혈되고
밤의 틈새에 낀 토막 난 잠은 헝클어져 있다

통증에 찌든 가슴이 절뚝거리고
내딛지 못한 오늘이 새벽의 언저리를 맴돈다

얼마나 많은 것을 놓치고 살았을까
허공을 움켜쥔 두 손이 허우적거린다

어둠에 젖은 유리창 속의 여자는 누구일까

몇 겹의 창에 갇힌 저 여자

금이 간 달빛을 밟고 서성거린다

참, 눈물겹기도 하지
— 선유도에서

김밝은

밀어내도 밀어내도 마음만은
무작정 아득해져서

홀로 선 바위도 섬 하나가 되고
떨어진 꽃 한 송이도
한 그루 나무의 마음이 되지

비를 붙들고 걷는 사람을 꼭 껴안은 바다는
열어젖힌 슬픔을 알아챘는지
흠뻑 젖은 그림자로 누워 있네

아무리 생각해도

섬과 사람 사이
사람과 사람 사이

참, 눈물겹기도 하지

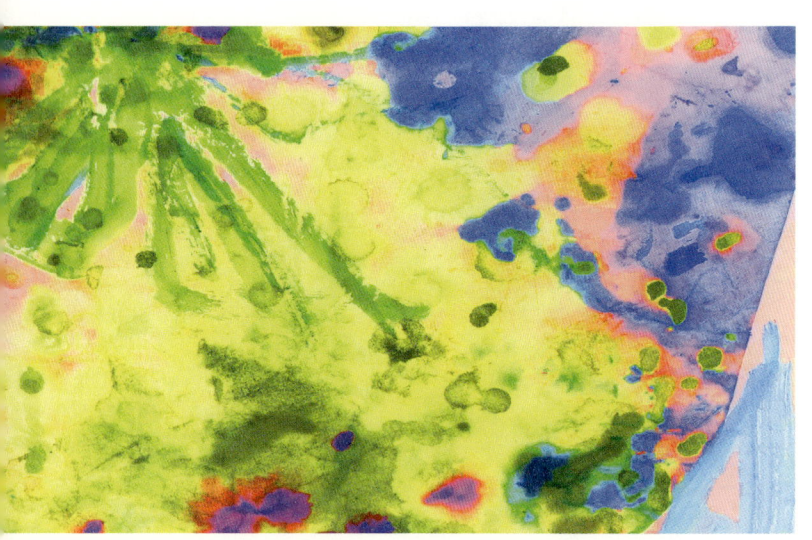

샛별

김보화

그러니까

노을은 이른 새벽
동쪽에서 서쪽으로 갔었지

그곳에서 희디흰
불쏘시개로 불을 지폈고

다 타고 남은
하늘은 잿빛이 되었지

지평선에 빛나는 사리 하나

파란 볼펜

김상미

파란 볼펜 한 자루에 파란 적설량
장미를 가르쳐주는 여름은 어디에 있나
서툰 별과 오후의 흰 주머니 위에 꽂혀있던
여름 나무들 촉 끝엔 동그랗고 파란 아오리사과
반으로 쪼개면 마침표들이 우르르 쏟아지는데
까만 씨앗, 익살맞은 눈웃음 푸른 사과를 한입
베어 물면 비밀스러운 피가 생겼다 문득,
예쁜 물방울을 수놓고 있는 부족한 호흡
사과 속 눈 내린 스노우볼 이빨 사이에선
사각사각 눈 밟는 소리 파란 아가미가
그리워질 때가 있다 서랍 속엔 쓰다만
파란 볼펜들 종이에 원을 그리다 보면
묻어나는 이마에 횡으로 열이 난다 사과는
붉은 핏자국 묻은 동물성, 파란색은
심의 규정이 없었다

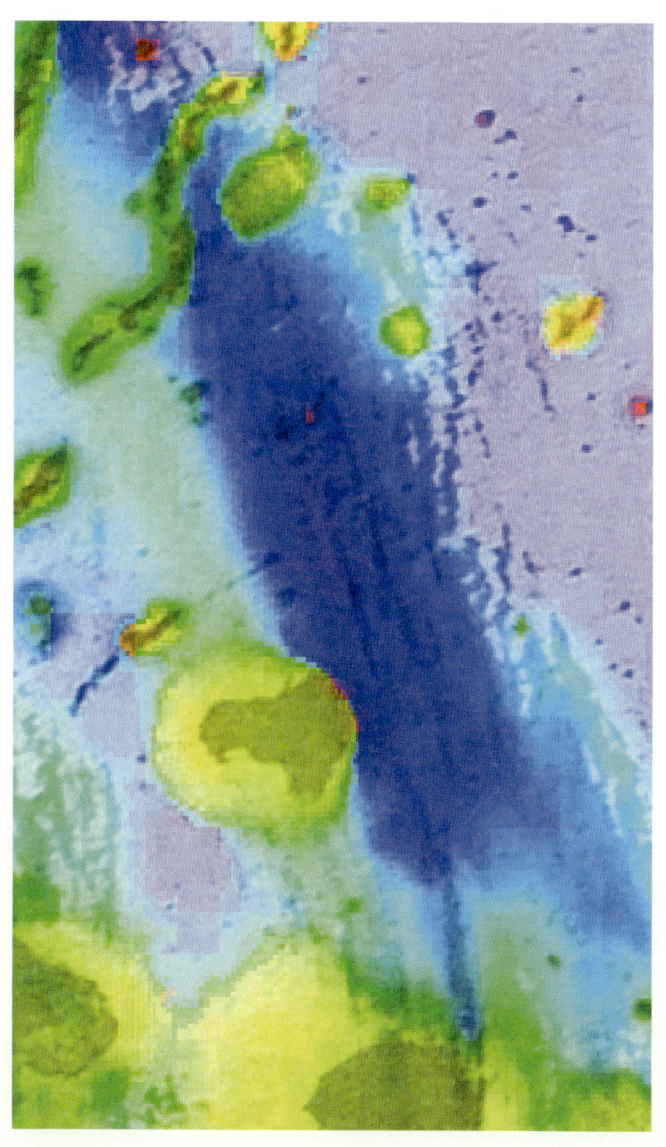

하늘에 닿으려는데

김선아

  너울성 파도 가파르다. 허공도 휘청한다. 급박해진 봉두난발 내 비열, 표나지 않게 너울과 너울 사이에 꼭 끼워 저 멀리 떠나보낼 수 있으려니 했다. 아수라에 푹 파묻혀 살아왔던 내 갈망, 던져버리면 수평선 너머 하늘 끝까지 쓸려가려니 했다.
  그런데 그 너울 나를 향해 달려들며 웬 욕심 그리 많냐며 소금 한 가마니 쏟아놓고 좀 있다 또 쏟아놓곤 하는 것이었다.

경사

김애숙

베란다 춘란이 십여 년 만에
튼실하고 탐스런 꽃 한 송이
불끈 피워 올렸다.

온 집안에
봄이 출렁였다.

한 번이라도 더 보려고,
드나드는 사람들 잘 보라고,
화분을 현관 전실에 내놓았다.

다가가 가만히
들여다보고 있으면,

어린싹 하나 꿈틀 자라나며

나도 뭐든 해 볼 수 있을 것 같았다.

가족보다 꽃이 먼저
손님을 맞이한다.

강

김운향

꽃내음이
시린 가슴에 묻어온다

누굴까

물기 젖은 잎새가
푸른 심줄을 흔든다

비에 젖고 바람에
밀려온 세월

미소 하나
손짓하던 햇살처럼
반짝인다.

2부

나무

김유자

내가 들어가기에는 나무가 작았다
내가 작아서 나무가 들어오다 부러졌다

나란히 서 있으면 안 되는 거야?

누가 먼저 그 이야기를 했는지는 모르겠다
나란히

서로의 옆에 서도 나란해지지 않았다
흔들리거나
벗어나거나
둘 다 휘청거리거나

휘청거리는 날을 우리는 좋아한 것 같다
내 생각일 뿐일 수 있다

나에게서 잎이 자라고 지고 꽃 피고 열매 맺는 한 해가
있기도 없기도 했다 나무는
웃다가도 멈춰 울고는 했다
햇빛은 마른 강줄기로 남아있고
밤은 조금씩
자신을 떼어서 물관에 숨겨두곤 했다 우리가

정말 서로에게 들어가길 원했는지 알 수 없다

서로를 오래 바라보던 날들이 있었다

그 자리

김윤숭

빈자리 많아요
텅 비웠어요
그대를 맞이할 자리

빈틈이 없어요
꽉 찼어요
그대를 생각하는 마음

그대가 들어앉을 자리
그 자리
여기 있어요

렌티시모 혹은 피아니시모

김윤하

하늘은 작아지고 점점 어두워지는 여기가 싫어
빛이 있는 곳으로 걸어가는 나는
정글 속 워킹 팜

아침과 저녁 사이
아주 느리게, 아무도 모르게
새 뿌리를 만드는 일은 심장이 뛰지

발끝까지 심장 소리가 들리는 걸음을
빛을 찾아 옮기는 것이
내가 정글 속에서 살아내는 방법이지

습기와 열기가 가득 찬 땅
맨발로 걷는 계절이 지루하게 길어도
밖으로, 빛으로 다리를 뻗으며
천천히 내 삶의 발걸음을 옮길 뿐

길에게 문득,

김창희

수천수만의 길 속에서 수천수만의 사람들이
걸어 나온다

수천수만의 사람들이 수천수만의 길 속으로
들어간다

발걸음마다 설레던 바람의 온도

닮은 듯 다른 길의 체온으로 늘 어긋나기 일쑤였던
너와 나

길에도 수천수만의 색깔이 있다는 걸
그땐 알 수 없었네

시작이면서 끝이었던

내 한생 걸어온 길은 늘 처음이었다

그리고 늘 마지막 길이 되었다

걸어온 발자국마다 서툴게 찍힌 최초의 낙관

나 아직도 처음의 길을 찾아 가네

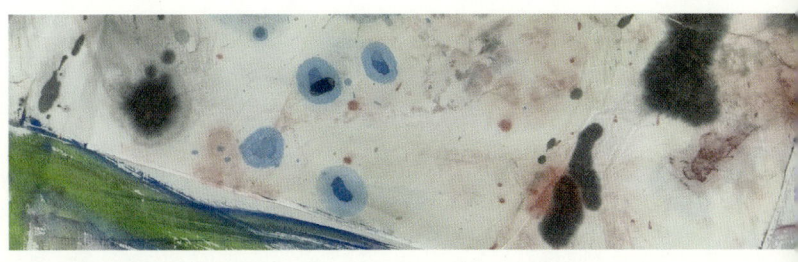

不二門 지나며

김현지

도끼 하나로 지은 집,

못 자국 하나 없이

단아한 짜임새 어디에도 틈 없이

겹처마 단층 팔작지붕 대패로 밀고 끌로 파서

나무와 나무 끼리 단단히 여며진 한 몸,

통도사 불이문

그 몸속 지나며 생각한다

내 몸 어디 한 곳, 바늘 한 땀 뜨지 않고

하나로 지어내신 그분, 누구시던가,

이른 봄 저 부신 햇살을 이고 내게로 오는 것들

내게로 와서 네가 되고 내가 되는 것 들,

不二 , 不二, ...

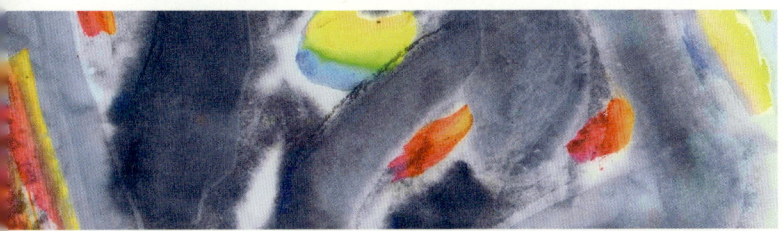

수평선은 물에 젖지 않는다

동시영

수평선은 물에 젖지 않는다
그리움에 젖는다

없음을 닦아내는 창,
물봉선이 피어 있다
여뀌꽃이 오고 있다

낙엽은 낙서

목숨의 오후가 붉다

외롭지 말라고
그림자 하나 따라온다

나 너 그리고에 입맞춤한다

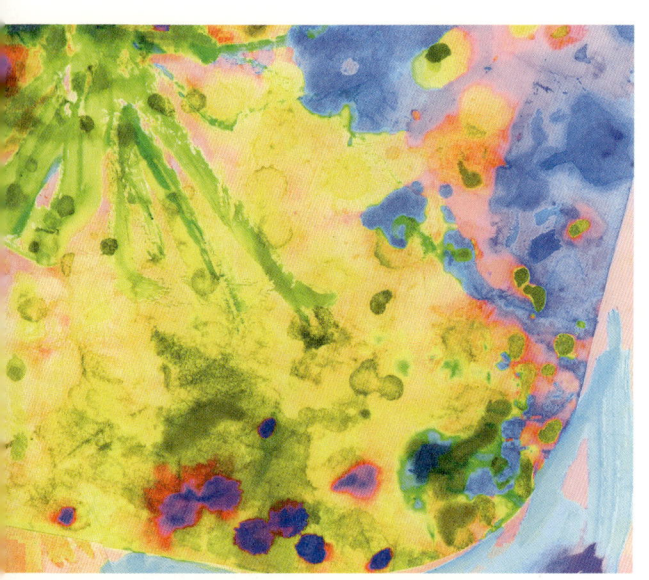

무사

리 산

북쪽 호숫가 백문동 소리도 없이

흰옷 입은 사람이 나무 밑을 지나가니 열매들 또 지겠구나

달빛 아래 창포잎에 맺힌 이슬로 눈을 씻으면

한낮에도 가느다란 별빛이 보여

저기 울며 철책을 넘어가는 염소 치는 여자들

밤거미들 이파리마다 집을 짓고

담장 밑에 심은 꽃나무도 인적을 찾아 기우는데

홀로 북을 치며 술잔을 기울이네

애착하는 사이, 소시오패스사이코패스

문봉선

1.
아기 고양이 배 위로
어미 고양이 엉덩이를 바짝 당겨 안았다
한 틈의 빈틈도 없이
밀착하여 자신의 온기를 어미배로 전달하고 있다
모래 한 알 들어갈 틈이 없이
민들레 한 잎 스며들 여지 없이

수평선은 말없이 붉게 넘어가고 있다
긴 돛단배 뱃고동 소리 놀라
스스로 고통스러워 집착하는 사이
뒤끝 작렬이야
사람 사귀기를 조심해야
내게 알맞은 벗이 없거든
차라리 혼자 착하기를 지켜라

2.
고양이는 고향으로 가는 길목을 잃어버렸다
구름이는 근무해요 늘상 알장안짱 다리는
구릉나무 귀퉁이에 매달려 있나봐요
세미나에 참석한 햇빛알갱이는 지쳐
쓰러질 듯해요
글자를 못 읽어요
바람의 무게를 대변하는 아카시아는
풀이 좀 죽어지네요

포개어지는 바람
사는 곳이 집이지요
걸어가거나 뛰어가거나
흘러가는 모든 것들 구름들
버스 바닥에서 떼구르르 굴러가던

일회용 종이컵과 함께 구석으로 가서 쿡 처박힌다
삶의 바닥에 주저앉았다
외롭거나 고독을 즐기지 못하고.

프리웨이

문정희

나 독수리같이 흘러 다니다가
산타페였던가? 프리웨이 한가운데서
이국 경찰에 붙들렸다
뒤틀린 손목 붕대로 싸매고
눈물 훔치다가
진짜 프리웨이는 어디 있느냐며 꺽꺽 거리다가
신호위반입니다!
이국 경찰이 내 덜미를 잡아 세웠다
나는 붕대 손목을 치켜 올리며
이제야 뭐 좀 해 보려는데 해는 지고
시가 겨우 좀 떠오르는데
사방에서 밤이 내려오고 있어요
눈물이 앞을 가려
그만 신호를 못 보았어요

그럼 신호를 바꿔야죠
자, 푸른색! 어서 가세요
이게 인생이요

그날 그는 누구였을까
내 손에 붕대 여전히 감겨 있고
사방에 저녁이 오고 있는데
프리웨이 신호를 바꿔 줄
그 사람?

벌레

문효치

저 생명 속
빛나는 사고思考

풀잎 위에 써 놓은 철학을

어두운 눈 비비며
겨우 읽어 보는데

한 줄 읽다 막히고
두 줄 읽다 멈추고

난해한 시
너무 길구나

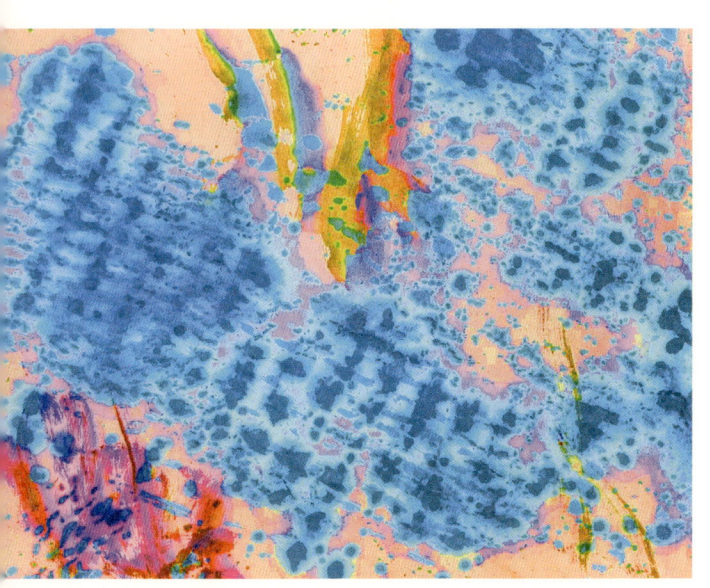

여행인

박금성

계절 여행에 들어간 구름이 여름 하늘을 지나갑니다
어머니, 멀리 떠나시기 전
빨랫줄에 넌 내 속옷 같은 구름이
비를 털며 갑니다
다시 돌아와도 낯설 구름이
무디게 무디게 눈에 박힙니다
어머니 멀리 떠나시기 전처럼
언젠가 가기 전의 나도
남아있는 이들이 바라볼 낙서를 남기겠지요

저
 기 처음 보는 손님이 옵니다

님이 오시는데

박법문

오래 기다리던 일월이 오시면
눈앞에 어지러이 나비가 날고
기억도 는개처럼 흐려지고
기쁘지만
두 팔을 높이 들지 못하네요
아직 님의 소리는 들리오니
아련하게 나를 불러주오

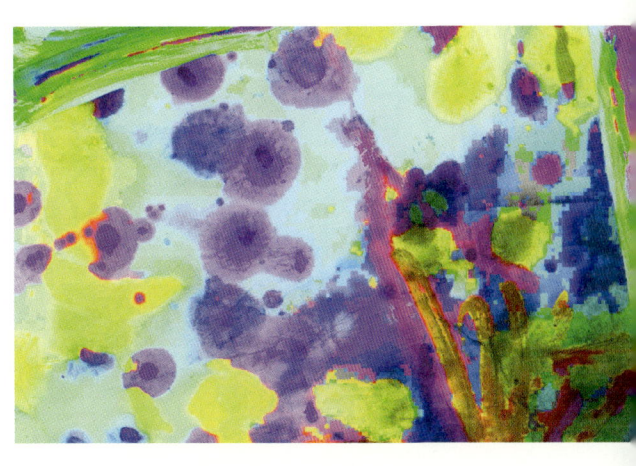

기차를 타고

박소란

　한 사람을 입원실에 옮겨 두고
　저는 서울로 갑니다

　별수 없다고 했습니다 아픈 사람의 입에서 짜부라져 나온 그 말
　별수 없다, 별수 없어,
　따라 중얼거리다 보니 제법 안심하게 됩니다
　별수 없이, 또 살겠구나 그러겠구나

　저는 서울로 갑니다

　아야야 아파라, 하는 말 또한
　저를 걷게 합니다

　늦도록 문을 닫지 않았을 뚜레쥬르로 달려가

단팥빵을 두어 개쯤 사야겠다는 결심

지금 이 시각이면 병도 잠이 들었을지
한 움큼 약을 털어 넣고 알록달록한 꿈속을 거닐고 있을지
해마다 열리는 국화축제나 미더덕축제를 한 번쯤 구경해 보자 한 적도 있었는데 퇴원을 하면
퇴원을 하면

또다시 입원을 하겠고

애를 써보아도 눈은 감기지 않습니다
옆 사람이 켜둔 휴대폰 화면을 흘끔거리며 자꾸만 어떤 드라마를 상상하며
울고
이별하는 사람들이 등장하는 장면 같은 것

결국, 사랑하는 이야기일 테지요

네, 저도, 괜찮습니다

겹겹의 흉터로 덜컹이는 창을 도리 없이 바라보면
그 독하다는 어둠도 어쩌지 못하는
사람의 피
사람의 침, 가래, 오줌, 그리고

얼굴

저는 서울로 갑니다
제가 아는 가장 먼 곳으로

도망치듯

기차가 달려갑니다

깊은 잠에서 이제 막 깨어나, 꼭 그런 척
공들여 기지개를 켭니다
뻣뻣한 몸이 응급실처럼 환히 불 밝힌 역으로 천천히
아주 천천히 미끄러져 들어갈 때쯤

배가 고파질 것입니다

저는 곧 도착합니다

협상

박인걸

내면의 지식을 볼 것인가
외면의 얼굴을 볼 것인가
오장육부 기 싸움에 한 발짝 전진하고
팽팽한 눈싸움에 한 발짝 후퇴하고
줄다리기 당기듯 끌어당기면
오감이 떨리고 심신은 잔뜩 긴장

두뇌 풀가동 선빵 날리니
선빵 받고 입심으로 되치기하네
어라! 만만치 않네
오기 발동 빈틈 찾아보니
작은 틈새 보이는 그곳에
다시 한번 비집고 들어가 흔들어 볼까

아뿔싸 흔들리지 않는 벽이

앞을 가로막고 길을 터주지 않네
돌아갈까 번민 속에 가려던 길 멈추고
살짝 눈웃음 흘리며 유혹한다

능구렁이 따로 있나
여유로운 미소 띠며 슬쩍 넘어간다
깊은 물 속은 알겠지만 사람 깊은 속
알다가도 모르겠다
그저 손 내밀어 악수하고 잘해봅시다

작아지며 크는 키

박인옥

엄마는 늘
나보다 키가 큰 줄 알았다

눈금이 지워진 거대한 원처럼
우리들의 시간은
시작도 끝도 알 수 없이 돌고 있다

작아지며 크는 키를 발견한 건
외투가 땅에 끌릴 듯한
엄마의 마음 안쪽에서 였다

내 아이들도 쑤욱 쑥
그 작아지던 등에 업혀서 컸다

큰다는 건 위로만 자라오르는 건 줄 알았다

농축된 내부의 것들이 더 깊게 자라는 방식은

추울수록 나이테를 오므려

드러내지 않는 노련한 길이가

안으로 둥글게 말려들어가는 것을

너무 많이 키 크다가

그만 사라져 버릴 것 같은

깊고 맑은 당신이었다

눈이 사는 곳 안나푸르나 8091미터

박종일

음식은커녕
물 한 모금 못 마시는 설맹에 걸리면
앞이 전혀 안 보여
텐트도 없는 눈보라 속에서
살아 있다는 건 기적쯤
베이스캠프에선 친구들이 기다리고 있어
눈처럼 머물고 싶지 않은
난 또 울지
살고 싶다
눈이 사는 곳 안나푸르나 8091미터
저쪽은 3천 길 낭떠러지
삶과 죽음의 계곡
산들대는 5월이 가고 6월이 오는 지금
두 발로 서기조차 힘들어

눈 내리는 어둠 속에서
달이 떠오르는

여긴 밤 12시 차고 푸른 안나푸르나
그댄 아름다운 안나푸르나

안나푸르나는 네팔에 있는 세계에서 10번째 높은 산
트레킹 중 가장 인기 있는 봉우리는 마차푸차레

기연

박진호

꽃술에 나비 찾듯
해안가 바위의 아늑함은
용궁에서 올라온 연꽃일까

올해도 8월의 매미 소리 따라
떠나는 피서
새로운 인연 위해

미지의 세계
마도로스의 바람처럼
여름의 신기루 찾는다

3부

몽유의 밤

박형준

코끼리 무덤을 향해 강가를 거닌다
코끼리들이 상아로 숲을 갈아
강을 낸다는 이야기를 떠올려본다

저 스스로 걷는 몽유의 밤
생각 없이 걷느라 발은 땅에 닿지 않고
무중력 공간에 눈이 내린다

죽은 별들의 잔해가 쌓인
겨울나무는 샘물을 하늘에 퍼뜨리며
자신의 뿌리는 메마름을 견디느라 있다고
바람에 눈발을 흩뿌린다

산보객이 끊긴 새벽
오리 한 쌍이 언제 강물에서 헤엄쳐 나왔는지

그들의 발밑

젖은 미명이 밀려드는데도

서로 깃털 하나 닿지 않게

기슭에 나란히 앉아 있다

나는 먼 데만 바라보며

강의 빛 속에서 미지의 대륙을 찾는다

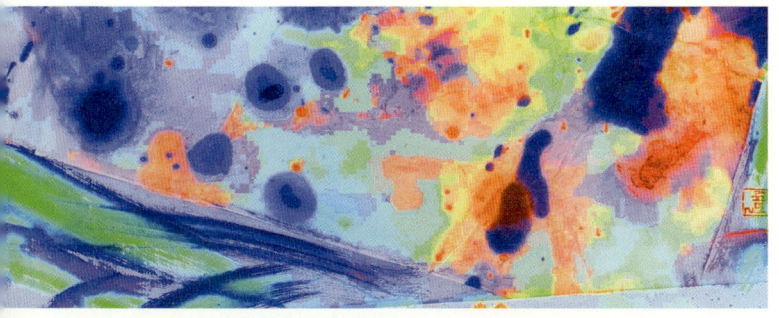

지금은

배효주

불현듯 서서히 그랬다
아름다움은 후에 오고
기다림은 앞서서 갔다
홍시 하나 가볍게 두드리지 못하는
손의 무거움이 그리움으로 있다
문득 주위를 맴도는 까치처럼
지나간 것을 움켜쥐고 있다
무슨 일인지 잡을수록 눈발이 커지고
그리움은 산산이 흩어지다 조각나다
눈사람이 된다 따스한 온기로 만져본다
손끝은 떠다니며 노래를 부르고 있다
어디서나 부드러움은 더 부드럽게
나날의 가지들로 발자국이 되어간다
한낮에도 달이 뜨도록
더 깊어지는 내력이 되도록

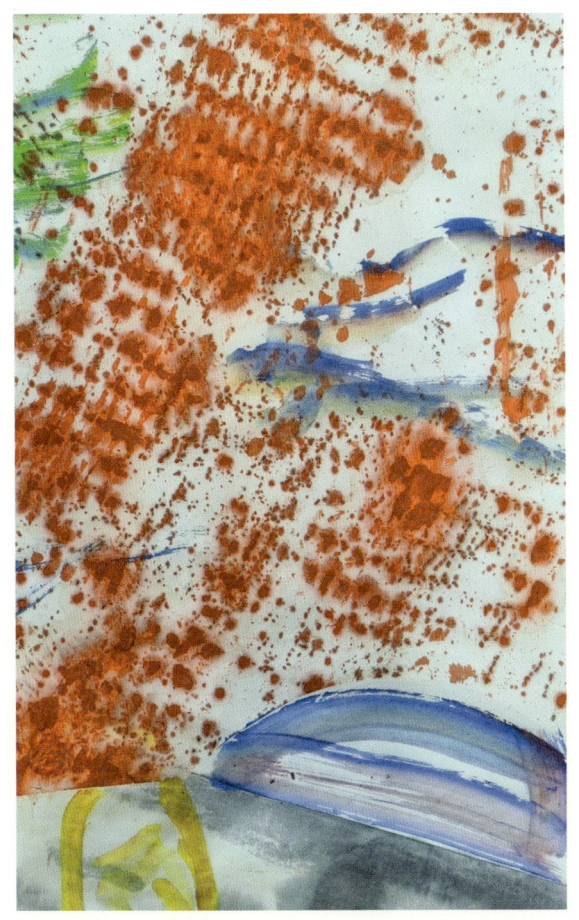

꿈

서정란

흩어진 낱말을 모아 문장을 만든다
먹어도 소화불량 되는 불량품 말고
그와 함께 노숙하던 바람과 햇볕
남몰래 흘린 눈물을 버무려
허름한 술집 바람벽에 붙어
술처럼 술술 마셔지는
허기진 영혼 불끈 일어서게 하는
무심가 한 소절!

금의 횡포

서정혜

베란다 창 유리에
금이 가기 시작하더니
오늘 아침 금이 더 길어졌다.

금 위쪽과 아래쪽이
집채만 한 구름을 두 쪽으로 갈라놓았다.
싱싱한 전나무는 허리가 꺾여 있다.

금 간 틈에 모여든 햇살이
운동장 모래밭에 박힌
사금파리처럼 반짝인다.

평화로운 마을 풍경을 굴절시키고
눈을 속이는
저 횡포.

진실을 왜곡하면

연금술사의 구리가 순금이 되는.

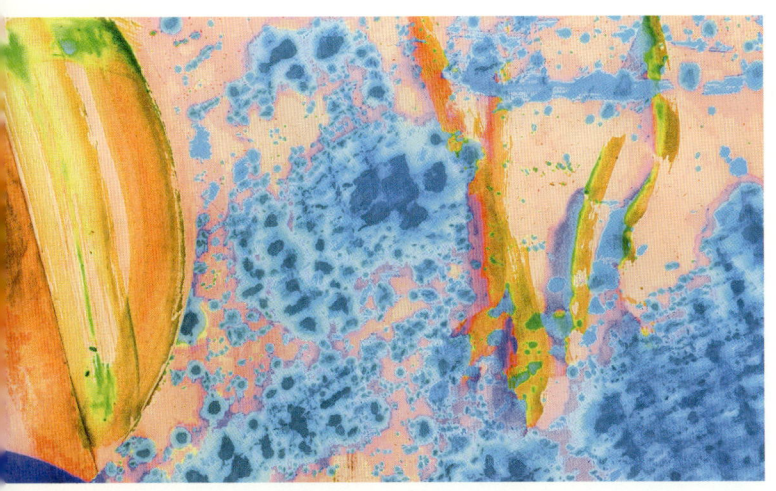

혈사경 血寫經

석연경

지혈이 잘 안 되는
혀에서 피를 받아
혼이 썼다는 화엄경을
박물관에서 본 가을

활활 타오르는 조계산 자락을
먹먹한 마음으로 뚜벅뚜벅
대웅보전으로 오르는 길에
나는 보았네

이끼 낀 오래된 석축에
피로 새긴
꽃무릇 경전

누군가는 화두를 새기고

누군가는 불화를 피우고

익은 햇살 아래 타오르는

핏빛 화엄

떠도는 자의 노래

신경림

외진 별정우체국에 무엇인가를 놓고 온 것 같다
어느 삭막한 간이역에 누군가를 버리고 온 것 같다
그래서 나는 문득 일어나 기차를 타고 가서는
눈이 펑펑 쏟아지는 좁은 골목을 서성이고
쓰레기들이 지저분하게 널린 저잣거리도 기웃댄다
놓고 온 것을 찾겠다고

아니, 이미 이 세상에 오기 전 저 세상 끝에
무엇인가를 나는 놓고 왔는지도 모른다
쓸쓸한 나룻가에 누군가를 버리고 왔는지도 모른다
저 세상에 가서도 이 세상에
버리고 간 것을 찾겠다고 헤매고 다닐는지도 모른다

연가戀歌

심봉구

그대는
억겁 광년光年 바람으로 흐르다가
새벽에 뜨는 별이 되었다

그늘진 산자락
지심地心의 탯줄 잡고 모질게 자란
나의 생명수生命樹에
이슬처럼 그대 별빛이 열리면
쥐라기 짝 잃은 시조새의 사랑 노래로
또 하나 나이테를 새긴다

천강千江을 비추는 달로 생기지 못해
꼬리 더욱 긴 그대 별이여!

안개 자욱한 날 그대 가슴

의미가 되어 새벽을 적시면

나 또한 속살 태우는 몸부림으로

아프고 질긴 노래가 되리

영겁으로 흐르는 노래가 되리

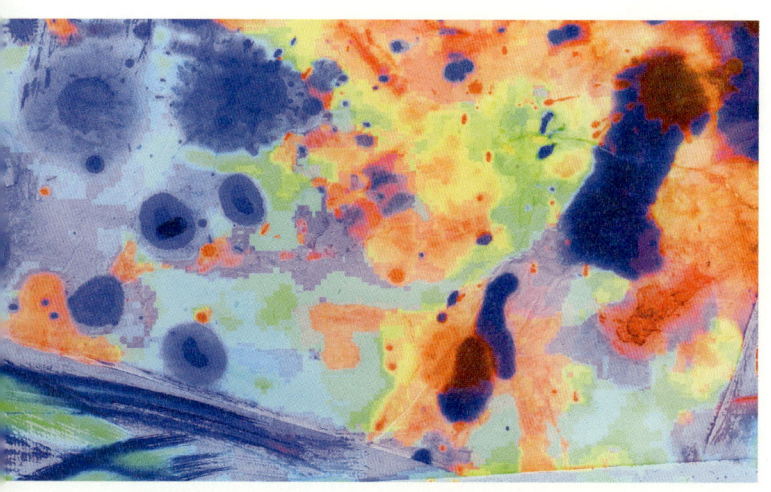

시계 반쯤이었나?

염은초

의자를 뒤로 쭉 빼고 엎드려
마치 고양이 식빵을 굽는 자세로
책상 테두리에 양팔을 접고 잠이 든 게

시계의 초침이 건너가는 소리
눈꺼풀을 닫은 어둠 속에서
실 그림자 붉고 선명한 실 그림자
그 안에 눈동자를 오른쪽으로
다시 왼쪽으로 굴려보다 잠이 든 시간이

신발을 반쯤 걸치고
그리스식 발의 테두리를
쓰다듬어 내려가다
다시 올라가기를 반복하던 순간이

미처 칫솔이 닿지 않은
치열의 틈 사이에서
고춧가루인지 무언지 모를
불결함을 혀끝으로
혓바닥으로 가져간 느낌이

자꾸 잠으로 잠으로 걸어 들어가면서
놓치고 온 것들에 대한 허우적거림이

아 그런 것들이 선명해졌던 게
아마 그쯤이었을 거예요.

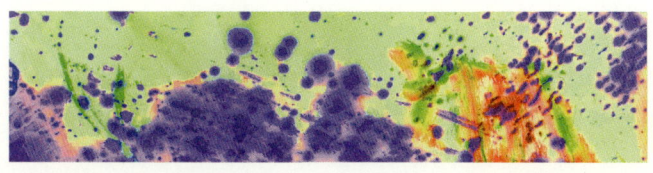

족보 있는 첫사랑

윤고방

사랑은 언제나 흔들리는
그네를 타고 온다

지평선을 박차 올라
하늘 궁둥이를 쓰다듬고 내려오면
아뿔싸 여지없이
땅바닥에 곤두박질이다

비명을 지르며 떨어져 내리는
한 여자와 한 남자

추락하는 그 밑에
덜 익어 입술 푸른 땡감
피 흘리는 첫사랑이 뒹굴고 있다

아내의 따가운 눈총을 맞으며

백 번도 더 실신하는 그녀를 위해

오늘은 마지막 그네를 타자

족보 있는 첫사랑은

오직 당신뿐인 거 몰라

혹시 조폭이세요?

윤재웅

조폭은 '차카게 살자'라고 부처님 말씀을 몸에 새겨요.

움직이는 팔만대장경입죠

Kiss and Ride

은이정

달리면 밤마다 다른 냄새가 나

오래전 심은 사람은 기다림도 싹 터야 하는데 또 놓치고

그늘을 잃고 그늘이 세워둔 바이크를 탄다 언니는

믿어져?
코너를 돌면 시간 밖으로 들어간다니까

언니에겐 가죽점퍼가 어울리지 않는데
 바퀴 아래로만 물이 흘렀다 순한 이름 대신 이니셜만 새겨 넣은 장갑이
 출렁거린다

눈 마주치면 웃어 줘

처음 본 사람처럼

그렇다고 햇빛에 물을 주지는 말고

나의 꽃길

이기순

남은 세월이
십 년일까 이십 년일까
내 걷고 싶은 그 길은
숲속으로 이어진
조붓한 오솔길입니다.

찔레꽃이 하얗게 피고
도라지꽃 마타리 들국화
온갖 산꽃 들꽃이
저만치 피어 있는
호젓한 길입니다.

바람도 구름도 더불어
가슴에 묻혀 있던
숱한 이야기 나누며

노래할 수 있다면

바로 거기가

내 꿈속의 꽃길입니다.

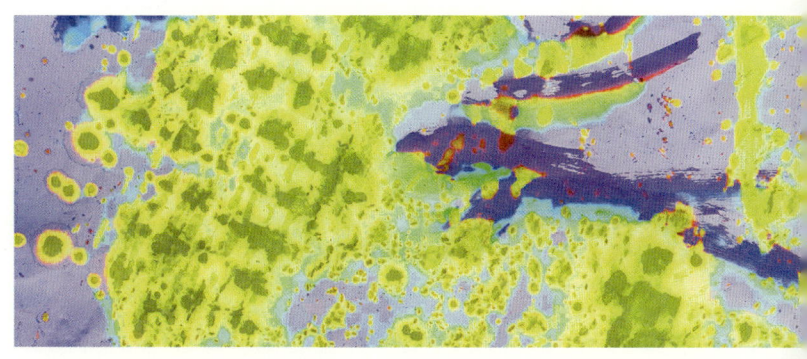

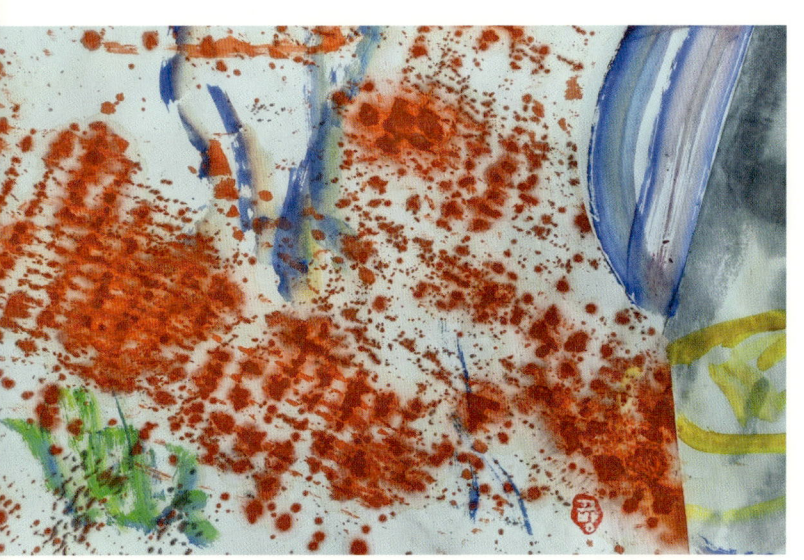

나의 독서법

이명지

너는 나의 시집
나는 언제나 너를 반쯤만 읽는다
반쯤 읽다 잠이 든다
절반은 꿈으로 읽을래

너는 나의 시집
다 펼쳐주지 않아도 돼
절반은 내가 쓸 테니
너와 나의 이야기로
내가 읊어갈 테니

나의 오월이여

이서연

나의 5월이여, 찬란하자
그렇지 않고는 이 몸살이 끝나지 않을 듯하다

나의 5월이여, 짜릿하자
그럴 만큼 사랑은 이미 나의 목숨이 되었다

나의 5월이여, 절정에서 만나자
부처는 스스로 나를 맞이함이다

나의 5월이여, 춤을 추자
니르바나 언덕에서 등불을 들고 추자

그렇게 나의 5월이여, 찬란하자
짜릿하게 찬란하자
절정에서 맞이하는 사랑만큼

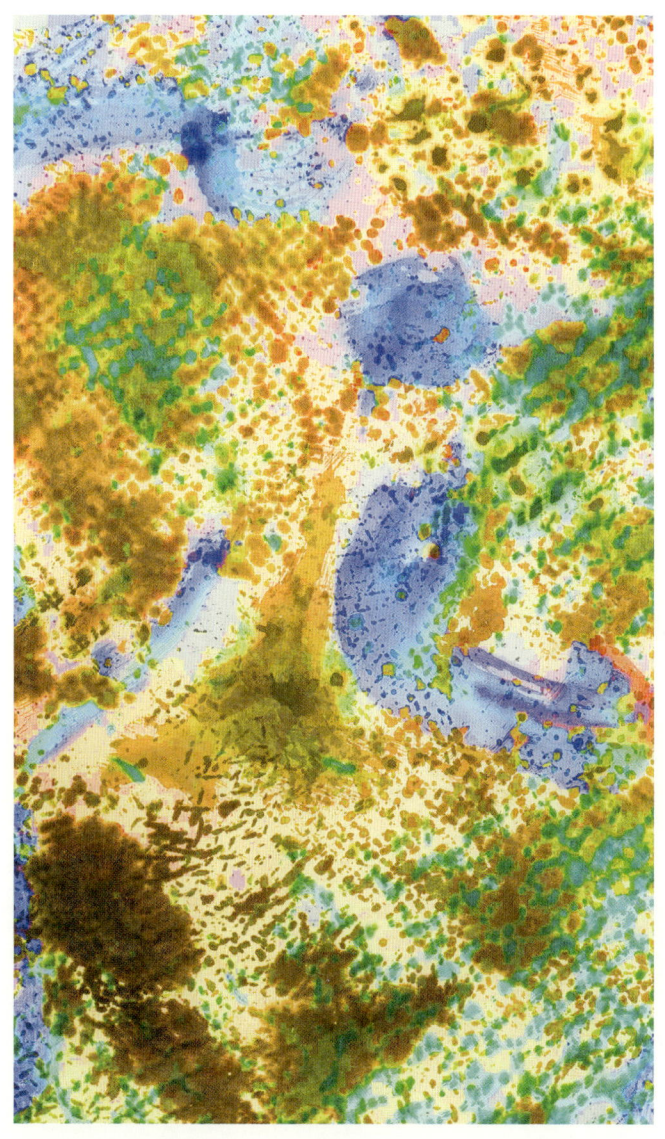

오누이 감자

이선녀

개나리 봄을 닮은 탱글탱글 햇감자야
폭삭한 땅을 딛고 쏙 불가져 우쭐댄다
살굿빛 여린 얼굴이 봄 햇살에 점점하다

소죽 골 밭두렁에 감자꽃이 익어갈 때
뜸부기 울어가면 알감자도 여름 온다
오누이 하지감자는 알싸하게 익는다

어비魚飛*

이순희

본래 태생은 바다였으나
이내 한계를 뛰어넘어 산으로 왔다
적막한 절간 처마 끝에서
너는
밤낮없이 경經을 되뇌이고 있다.

* 연비어약鳶飛魚躍에서 만든 말. 풍경속 물고기를 뜻함.

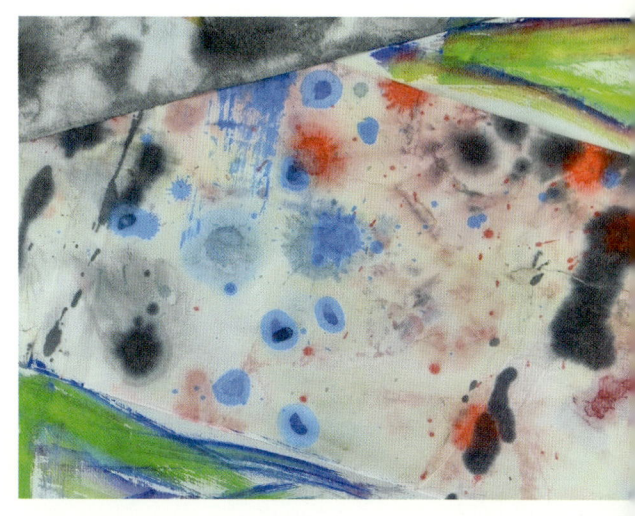

플루트 속의 분홍 장미

이어진

플루트의 음표에 웃음이 매달려있다
장미 꽃잎이 한 잎 한 잎 피어나는 동안
나는 튀어 오르는 얼굴을 꽃잎 안에 감추고
터져 나오려는 손가락을 줄기에 끼워 넣고
사뿐사뿐 공중을 걸어 다닌다
내 팔목 위로 꽃잎이 피어난다
한낮이 이불을 담장 위에 널어놓고 구름 위를 걸어간다
손가락이 플루트를 연주하는 동안
구름은 악보의 표정으로 골목의 안색을 살핀다
철조망 위에 넝쿨 장미를 그려 넣고
나의 어린 소녀들을 골목 안에 풀어 놓는다
바람은 흰 손이 팔랑이는 자전거 바퀴 무늬 눈동자
너는 내일을 굴리며 골목길을 지나간다
심장이 아픈 듯 황홀해진다

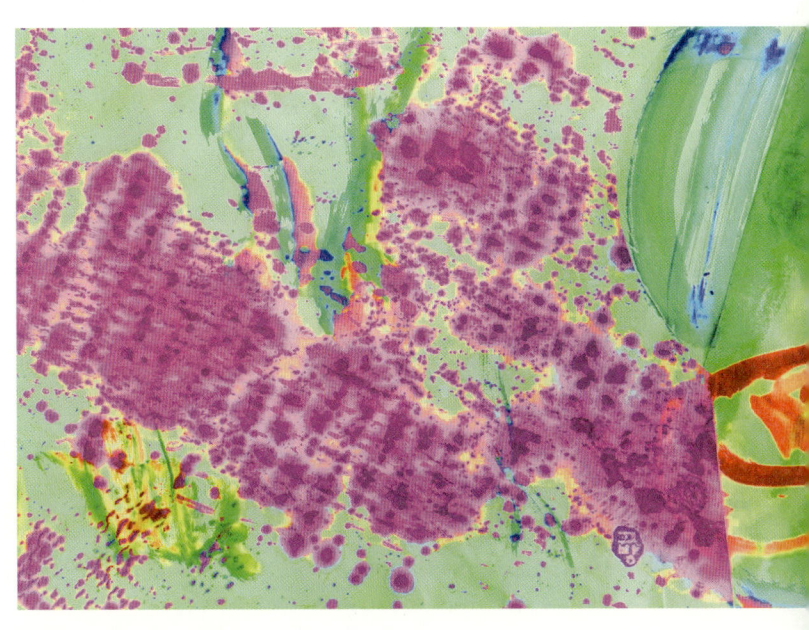

4부

데이터 은행

이영경

6년간 미뤄뒀던 약속을 지켰다
사진은 계속적으로 다른 형상화를 만든다

오늘의 하늘도 내일의 하늘도 아닌 것처럼
눈물도 거짓이 아니길

블로그에서는 이웃추가로 인플루언서가 되고
데이터를 복원하며 시간은 기록 된다

지나간 사진 속에 추억의 시간은 알고 있지만,
0.12cm의 폰트를 보며 해피빈의 콩을 모은다

이메일도 기록하며 데이터 풍년 속에 살아간다
2024년 5월 15일 '부처님 오신 날'을 기록

인터넷 세상의 무한 변신

데이터 은행은 과거와 미래를 이어주는 그물

잠깐 다녀온다더니

이이향

우린 처음인데요
잠깐만 다녀온다고 하더니
현금지급기 안에 구름이 있었다구요
푸른 파도가 거기 있었다구요
밥을 먹기로 했는데 지갑이 없었거든요
급히 달려간 현금인출기에서 밥값을 데려온다는 게
구름에 올라타느라 밥값을 그냥 돌려보냈다지 뭐예요
아직 팔딱거리는 꼬리가 놓인 회 접시에서
멋쩍은 숨소리를 젓가락으로 건져내고
몇 날을 벼르고 벼른 말들을
밥값을 빌려달라는 말로 대신했지요
빛나는 순간은 비처럼 쏟아지다
구름을 타고 온 가벼운 다리가
허공을 가로질렀나요
너무 싱싱한 만남이어서

유효기한이 여유롭게 남아있었겠지만
순도 높은 것들의 오염은 외려 빠르기만 해
첫 만남의 리트머스지는 푸른 눈물로 물드네요
팔딱이는 꼬리가 바다를 잃어버린 시간
서둘러 제자리에 앉은 밥은
우리를 잃어버리네요
잠깐만 다녀온다고 하더니

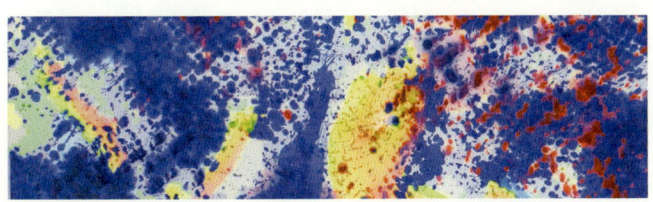

휘파람

이일기

한 생 전의 덧없음을
어찌 흐르는 강물로
다 흘러 보낼까

가슴속 깊은
폐부에서
소리 없이 빠져나와

해 다 저문 강 언덕에서
제 홀로
바람으로 우는 소리

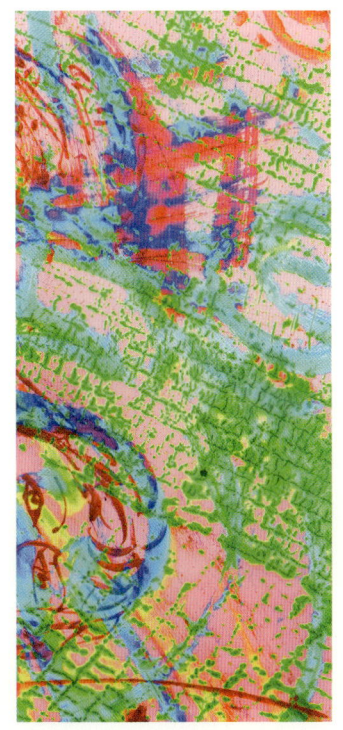

나비

이재무

명경처럼 환한, 어지러운 햇살 속
하늘을 흔들며 나는 나비 한 마리
주춤주춤 물러서는 허공
수런, 수런대며 안간힘으로 망울 밀어 올리는
장다리꽃밭
항아리 속 고인 물처럼
순간 정적의 바다에 빠져든다
나비가 지나간 빈자리
바람이 다녀가는 호수의
잔물결인 양
고요가 일어 출렁거린다
이제 곧, 장엄한 적막이 지나고
마른 대지를 적시는 큰비가 당도하리라

광기 팝니다

이정현

비가 오는데 왜 우산을 던지는지
천둥 치는 숲으로 왜 달음박질 하는지
누가 당신을 천재라 했다고
사람들과 섞이지 못하고도 그리 기뻐하는지
빗줄기를 불로 보고 마는, 조울이여
모두가 지쳐 졸고 있는
그 잠깐새에 쓴 시 한 구절로
진짜 천재가 되어버린

당신의 광기를 팝니다.

국화꽃바다

이혜선

바다는 둥근 달 속으로 들어가 부풀어 올랐다

국화꽃 다 져버린 국화도에 해가 지면

은하수 카시오페이아 큰곰자리 끌어당겨 그물을 짜고

조기 청어 오징어의 바다를 하늘 벌판에 쏟아부었다

펄펄 뛰는 파도로 내 꿈속에 부풀어 넘치는 바다

국화꽃 다 져버린 겨울 국화도

둥근 달의 꿈속에서

철썩철썩 부풀어 넘치는 국화꽃바다

내가 아닌 것들

이희경

시가 아닌 것을 골라내려고 창가에 앉았어
유리창으로 나무가 나의 노트를 들여다보는 자리
하얀 백지로 남아있는 내 시는 빈 가지를 닮았어
손을 넣었다 뺀 문장 안에서
뭔가 남은 것을 뒤지다가

나도 모르게 끼어든 슬픔이
납작하게 뭉개져 있는 걸 보았어
저녁이 다 젖도록 바퀴들이 지나갔지
땅에도 공중이 있을지 모른다고
자주 말하곤 했었는데

이런 날은 무언가 잃어버린 기분이야

목이 마르다는 것을 느껴

냉장고 문을 열다가
모서리가 찍힌 캔콜라가 숨소리를 거칠게 토하며
몸속의 절반을 덜어내는 걸 봤어
액체가 된 말들이 차갑게 흘러나와

김빠진 내용물을 다시 냉장고에 넣고 있는 것처럼
시 아닌 것을 담아 놓은 휴지통을 보고 있었지
바퀴는 지퍼 자국을 남기고 지나가고

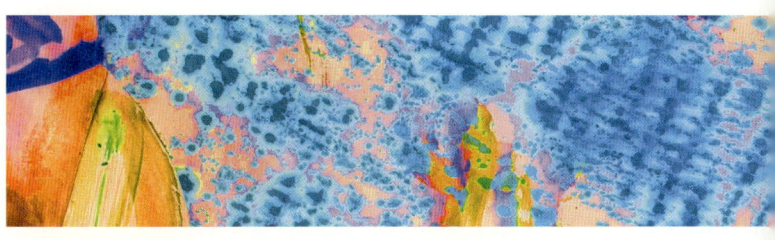

고독

임보선

별들
줄지어 다 가고 없는 밤
끝도 없는 사랑 앞에
방황만 하다가
어둠 속에 머물다
마지막 순간
촛불 하나 켜놓고
그림자와 놀았다

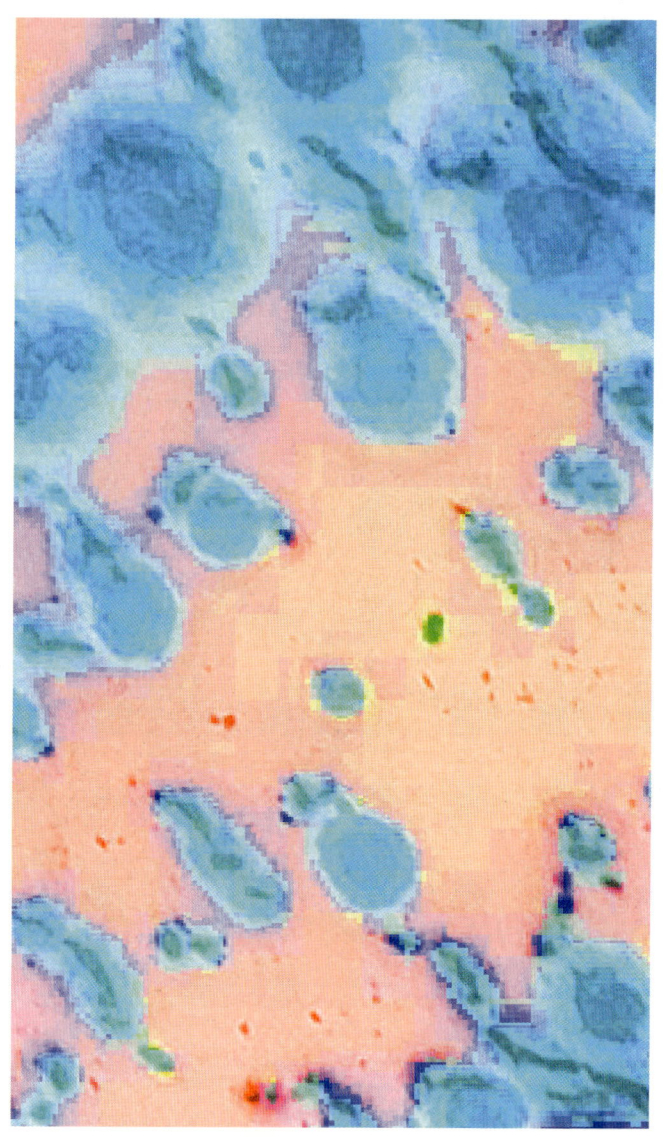

다리 위에서
— 남대천 4

임정숙

연어가 돌아온다는 소식을 듣고
문득 발길 돌린 남대천

머리 푼 새벽안개
용바위를 베고 누워있고
강 밑엔 웃자란 세월처럼
무성한 잡풀이 키재기하고 있다
이젠 연어의 터전
생의 종지부처럼
은비늘만 강물에 찍혀있고

首邱初心
되돌아오는 것이 어디 연어뿐이랴
나도 오랜 思鄕로 돌아난
연어 비늘 같은 아픔을 하나둘 뜯어
남대천에 던진다

장편掌篇

장정수

집과 공터를 오가며 비밀의 문을 열던
손의 기억을 꺼내 흔들어 봅시다.

바퀴 없는 자전거와 고장 난 진공청소기 며칠 전
방문의 횡포로부터 자유를 쟁취한 문고리까지.

쓸모를 이끌고 다니던 지문은 어디로 간 걸까요?
멀리 바다를 밀던 바람의 손이 저녁의 능선을 타고 멀어집니다.

낮의 바람은 그림자를 찔러넣을 호주머니가 있고
밤이 되어서야 소지품을 풀어 놓습니다.

첫 만남 때 맡은 그의 샴푸 냄새와 가을볕에 말라가던 거미의 고백까지도

지난밤에는 누군가 허공을 쥐면서 소리를 질렀습니다.

그가 손을 펼칠 무렵엔 또 다른 무언가가 허공을 채우겠지요.
느낌이 나쁘지 않다면 당신도 두 귀를 감싸고
덤으로 느껴지는 밀림에 대해 말해 봅시다.

사라진 앞뒤의 순서와
양옆을 주고받던 타인의 이름들
밀리고 밀던 손들이 뭉쳐 우리를
어딘가로 데려가고 있습니다.

미는 일은 자꾸만 손을 감추고 악수는
감춰진 손을 아무 데나 붙여둡니다. 언젠가
손이 아닌 다른 걸 감싸더라도 후회는 없겠지요?

괜찮다면 되돌아오는 길을 묻지 않겠습니다. 왼쪽도, 오른쪽도

손으로 쓴 이야기는 결론이 모호합니다.

이제, 손안에 든 이목구비를 생각해 봅시다.
부분이 아니라 전체가 되어가는 중입니다

로맨스 컬링

정민나

커플 매칭 이벤트 누가 누구와 짝이 되나
줄지어 선 스톤들 그중 하나를 집어 들었을 때
그녀의 손은 벌써 찌르르 신호가 오네
로맨스 패키지-사랑은 기회일 수 있고 키치일 수 있어
달그닥 거리네 상대의 가드라인 뒤에서
어려운 촉이라도 뻗어볼까 그녀는 머뭇거리네
눈동자가 흔들리다가 일순 티라인 뒤로 빠지네
엄마 아빠가 바라는 건 유니크한 샷
새끼의 촉이 살아나는 것
복잡한 생각을 빠져나오느라 혈관은 쉼 없이 팔딱이네
랜덤은 가드를 돌아 심각한 삼각관계
본의 아니게 급물살로 떠내려 가네
턱에 걸린 스톤 촉이 안 맞아 빙글거리네
뒤로 빠지는 로맨스 - 아직 연애가 서툰 것

좌충우돌 고갯길을 오르고 바위에 부딪히고 문턱을 들이받으며

　부드러운 스톤이 굴러가네

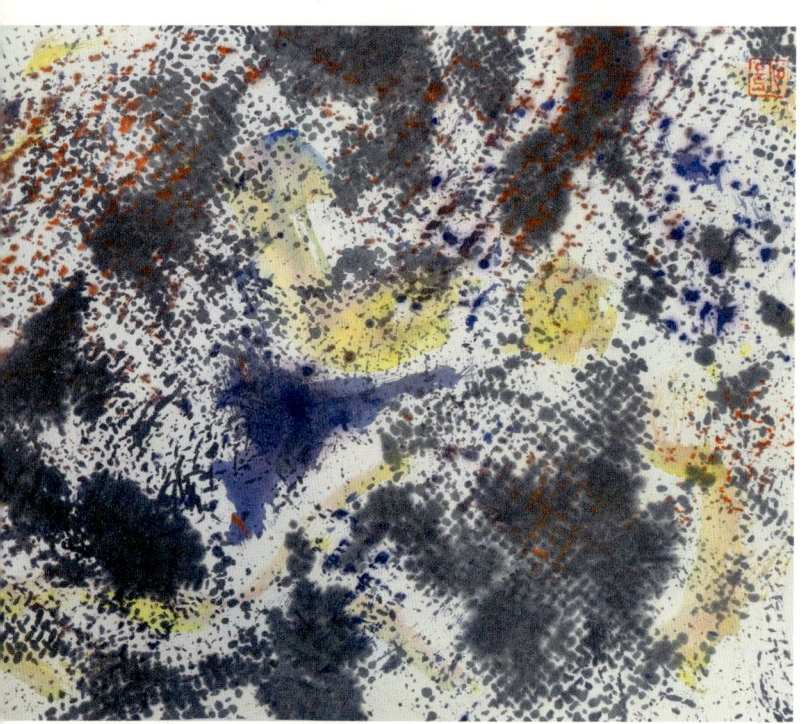

형광등적 사건

정서화

  여자는 남자에게 우리가 만난 건 형광등적 사건이라고 말했다. 남자는 수첩에 형광등과 사건이라는 낱말을 적고 그 사이에 -를 적는다. 수첩에서 형광등이 손을 뻗어 두 칸 아래를 가리킨다. 모자 쓴 지우개가 핥고 지나간 글자의 잔해. 비명횡사한 글자들이 일으키는 검붉은 포말. 나는 니가 죽었으면 좋겠다고 말하기는 속 보이니까 걔는 이미 죽었어, 라고 외치는 자기연민. 게에 타지 말고 개에 타. 아니, 개에 타지 말고 계를 타. 개를 누가 죽였니. 개는 죽었다고 말한 사람. 아... 설명이 또 지나쳤나. 개, 걔 이름이 설명이야. 번개탄에 불붙었네. 트집을 잡으려면 물구나무 서서 그 책을 열 번은 읽고 나서 와. 그럼 즐겁게 죽은 척해줄게. 연기로 된 글은 눈을 맵게 하는데,

  여기에는 출구가 없어. 조금 더 울어야겠다.

  결국엔 웃겠지만.

추억으로 오는

정숙자

비 오는 창밖
바라다보면
우산도 없이 서 있는 그대

바람불거나
안개 낀 날도
돌아가지 않고 서 있는 그대

추억으로 오는 그대이기에
마중도 배웅도 모르는 채로

둘이서 놓친 하나의 사랑
합칠 수 없는 둘이의 꿈을

제자리 멈추어 지키는 그대
궂은 날엔 더 슬피 서 있는 그대

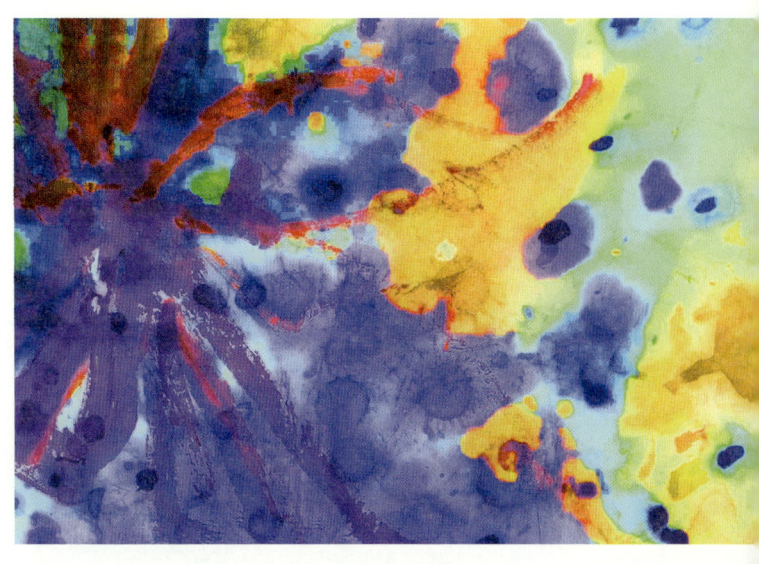

탁본

정우림

구절초가 피었다, 돌틈 구멍에

곁눈길이 많아졌다

휘어지고 비탈진 길에서 속도를 줄이기 어렵다

마른 몸에 물기 몇 방울 적시고 싶다

잠시 집을 떠난다

온몸으로 바닥을 적시던 온기와 혀는 사라지고

아스팔트에 흐르듯 새겨진 궁서체

바퀴와 발자국에 풍화된 가죽과 뼈

긴 그림자를 안고 해종일 꿈틀대는 해

설렁탕

정윤서

늦은 밤 들어선 24시 설렁탕
식탁의 설렁탕은 뜨겁고 뽀얗다
한 숟가락 뜨고 나니 눈물이 흐른다

창밖의 그믐달이 겨울바람에 출렁인다
식당 주인은 하품을 하고

식어버린 설렁탕은 기름이 둥둥
숨겨진 본성을 드러낸다
데운다면
다시 뽀얗게 되겠지만

가게 문을 나선다
칼바람

잘 가라

뜨거웠던 사람아

온다는 믿음 2

정재율

어떤 마음은 돌처럼 깊숙이 박혀서
빠져나올 생각을 하지 않는다고

그는 요새 죽는 꿈이 아니라
사라지는 꿈을 꾼다고 말했다

그건 조금 다르다고

죽는 건 아무 생각이 들지 않지만
사라지는 건 천천히 느려지는 것이라고 했다

그가 돌무덤을 다 쌓을 때까지

나는 가만히 그를 쳐다보았다

그가 자리로 돌아가 앉을 때까지

그의 영혼이 이곳을 떠날 때까지

어디선가 마음 하나가 굴러 들어왔다

꽃이 열렸다 닫히는 동안

정지윤

나비가 건너가는
세상은 고요하다

찰나는 꽃과 나비의 신성한 사원

어느 날
서로 몸 바꿔
찾아온 꿈 하나

5부

종달리

정희성

우도가 보이는 나무 전망대에서
다 쓰고 가기로 하자
몽상의 총량
달큰하거나 축축하거나
푸른곰팡이가 슨
추억이 끼어들어도

용오름으로 솟구치는 파도
자진모리로 몰아치는 현깃증에
물새 두 마리 떠밀려 난다

섬들이 꼿꼿이 일어서자
나는 푸른 깃발을 흔들어
목선을 불러들였다
몽상들은 잘게 쪼개져

더 이상 불온하지 않을 때까지

나는 당분간 쓸쓸하지 않기로 하였다

늦가을의 서곡

조미경

단풍 비가 내린 아스팔트
군데군데 벌레 먹은 낙엽
지는 가을이 서러워
바람에 휩쓸려 어디론가 이사 가고

붉은 단풍의 황홀함이 부러워
아름답지 못함을 한탄할 때
어제의 낙엽은 사라지고
짙은 갈색의 허무만, 남았다

오늘이 힘들다, 투정하다
내일의 환희를 잊을까
홀로 고뇌하며
쓸쓸한 발걸음을 옮기는 나

내일은 어떤 빛깔의 가을이

문 앞으로 걸어와

센치한 나의 감성을 터치하며

흰 눈의 서정을 함께 할까!

무슨 색깔이 나올까

조병무

저 바람을 손아귀에 쥐고
꼬옥 짜면
무슨 색깔이 나올까

저 하늘을 양손에 쥐고
더욱
꼬옥 짜면
무슨 색깔이 나올까

그러나
그러나
저 사람의 말씀을
마음으로 눌러짜면
또
무슨 색깔이 나올까

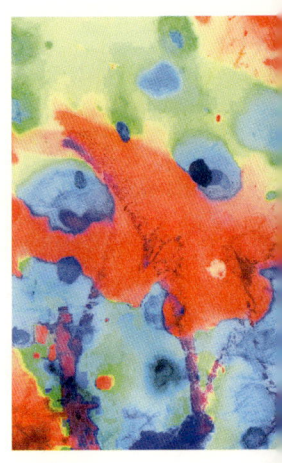

사랑하는 사람끼리

그 사랑을 사랑으로 짜면

정말

무슨 색깔이 나올까

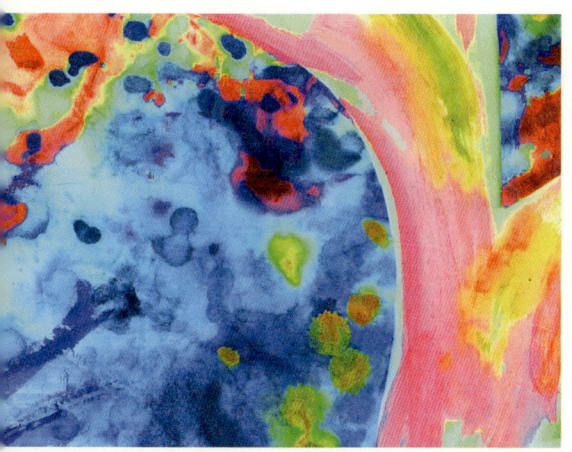

밤산책

조해주

저쪽으로 가볼까

그는 이쪽을 보며 고개를 끄덕인다

얇게 포 뜬 빛이
이마에 한 점 붙어있다

이파리를

서로의 이마에 번갈아 붙여가며
나와 그는 나무 아래를 걸어간다

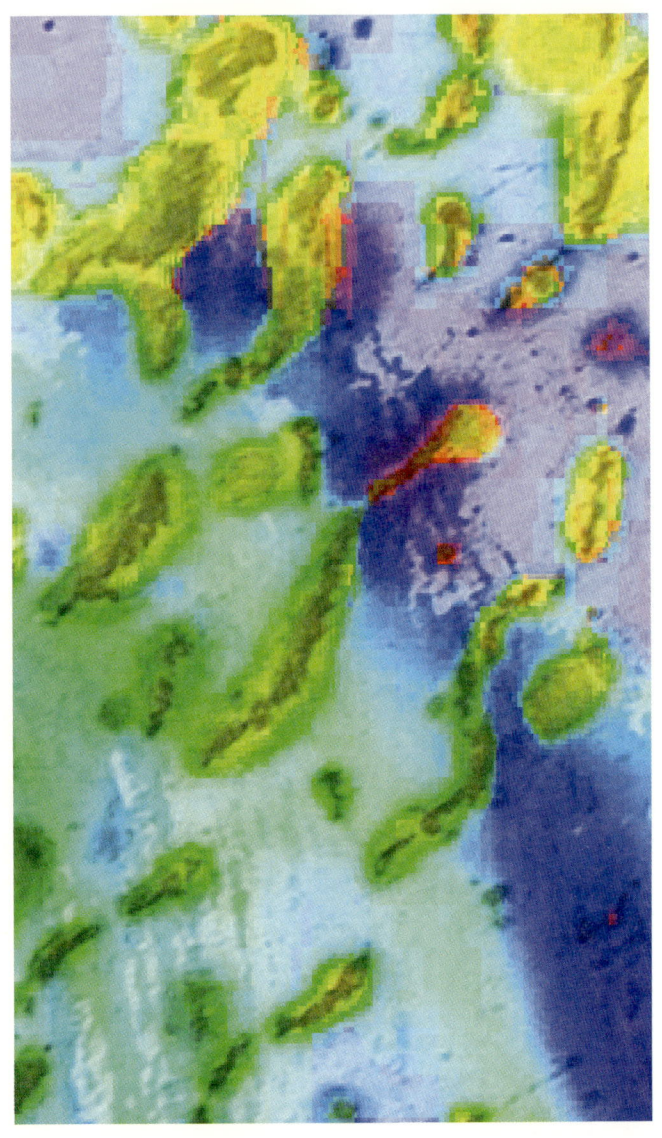

이별의 방식

주선미

얼굴의 물기를 닦는데 울컥한다
수건 틈 사이로 쏟아지는 기억들

얼마나 시간이 흘러야 지워질까

형체를 잃은 사랑도 사랑이라고
바람 소리에도 철렁 내려앉는 심장이라니

온전히 나만 보아야만
온전히 너만 보아야만
하나가 되는 줄 알았다

엎드릴수록 차가워지는 등 뒤로
12월 바람이 밤새 분다

텅 빈 손짓

지연희

빈틈없이 온기를 말리고 있다

미세한 공기 사이 숨어있는 틈새까지 비집고

물기란 물기는 다 하늘을 향해 비상하고 있다

뽀얀 고요를 품고 누워있는 육신

슬픈 조문객들은 병풍처럼 서성이는데

어쩌면, 그처럼 알뜰하게 내려놓을 수 있을까

텅 빈 말씀 텅 빈 시선 텅 빈 손짓

단단한 혈관들이 굳혀놓은 침묵

가슴 깊숙이 떨어지는 절벽마다 눈물이다

쉼 없이 흐르는 가변의 역사들이 모여

흐르지 못하는 여울목에서 맴돌고 있다

무심의 꽃잎으로 피고 지는 길

따라나선 붉은 꽃잎

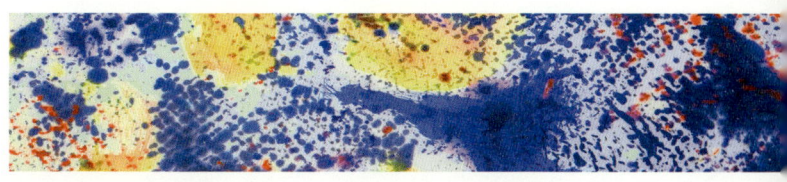

꽃보다 눈부신 사람

차옥혜

꽃을 보기 위하여
먼 길 걸어가는 이여
오래 아파하는 이여
꽃을 위하여
오래 울고 있는 이여
꽃을 지키기 위하여
긴 세월 시달리는 이여
꽃을 보고 꽃과 함께하는 시간은
순간이지만 언제나 아쉽지만
때로는 끝내 못 만나기도 하지만
꽃을 위하여
모두를 바치는 당신의 삶은
꽃보다 더욱 아름답다 순결하다.
꽃을 오래 참고 기다리는 당신은
꽃보다 더욱 눈부시다.

관찰

차유오

 축소된 사과나무. 유리병 안에서 기울기 시작합니다. 일정한 간격을 둔 사과나무들이 간격을 허물며 서로에게 가까워집니다. 수평을 맞추기 위해 그곳에 지지대를 받칩니다. 사과나무는 바로 세워지지만 감당할 수 없을 때마다 다시 기울어질 것입니다.

 사과나무에는 각자의 이름이 있었습니다. 이름이 생기자 그들에게는 마음이 생겼습니다. 어떤 사과나무는 너무 많은 사과를 견디다 쓰러져 버리고, 어떤 사과나무는 사과를 자신에게서 버리기 시작했습니다. 버리면 사라지는 줄 아는 인간들처럼. 자신이 만들었지만 자신의 것인 적 없던 사과를 떨어트립니다.

 폭설처럼 바닥에는 사과들이 하나둘 쌓여갑니다. 차가운 손가락으로 썩은 사과를 꺼내 먹습니다. 불타버린 짐승의 몸에서 적당히 익은 부분을 발견하는 인간의 모습으로.

 무심코 집어 든 사과를 들여다봅니다. 자신이 파먹은 구멍 속에 숨어 있다 끝내 죽어버린 벌레가 그곳에 있습니다. 징그럽고 슬픈 벌레. 자꾸만 죽어버리는 벌레. 입을 열면 그런 벌레들이, 이름이 생긴 사과들이 튀어나올 것 같습니다. 썩은 채로 영영 자라나던 사과나무들이 그것을 바라볼 것 같습니다.

 축소된 사과는 뼈처럼 단단하지만 입안에서 살처럼 말랑해집니다. 썩은 부분이 가장자리를 썩게 만들 때까지 유리병 밖의 인간들은 썩은 사과의 맛을 알지 못하고. 반쯤 그을린 얼굴로 사과의 썩은 맛과 썩은 사과의 맛에 대해 생각합니다. 소진되지 않고 계속해서 생겨나는 사과에 대해.

비 그치고 풀 비린내 잦아드는 저물녘 수저 내려놓고 잠깐 딴 데 보는 동안 수만 장 비늘 무량으로 떨구고 내가 영영 모를 아주 먼먼 데로 헤엄쳐 가는 물고기 한 마리

채상우

하릴없구나

무너져 내리는 벚꽃들 트더진 데마다 빼곡히 되박히는

애린 봄밤들

면面에서 자라는 것들

최병호

시간은 면에서 왔는지 모른다
아침 햇살이 활엽수 이파리에 부서지듯
널브러져 있을 때 더 자유롭다
시작도 없이 계속되다
지치면 함께 엎드린다
가슴 속에서 기억을 꺼내는 순간
시간은 새롭게 생산된다
노래는 앞과 끝이 없었는지 모른다
시간의 순서를 정하다 보면
노래가 되고
우리들은 모두 면에서 태어나서 자라는 것일까
그래서 밖은 처음부터 깊은 곳에서 시작됐나
늘 시간의 관자놀이에서
턱밑까지 손을 뻗치는 이유다
혼돈에서 질서가 자랄 때

노래가 시작됐는지 모른다

우리는 밖일 때

생각이 더 깊어진다

면은 혼돈을 키우고, 혼돈 속에서 우리는 더 자유롭다

시간이 지치면 면이 되고

면에서 노래는 자란다

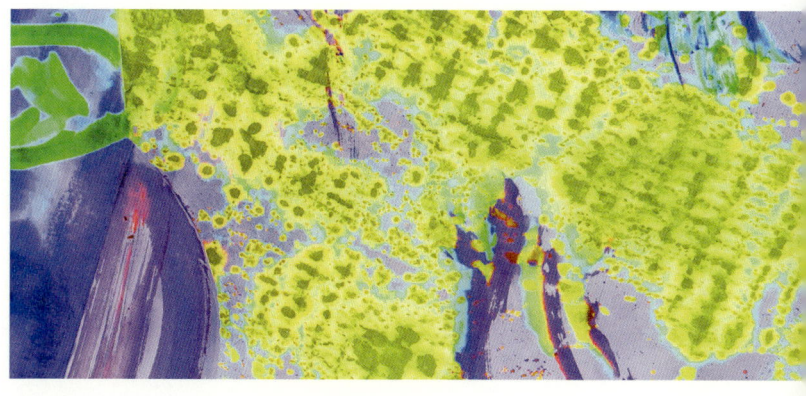

봄, 요이땅

최민초

계절이 잔뜩 웅크리고
요이땅 준비를 하고 있다
날씨야 조금만 따뜻해져 봐라
용수철처럼 튕겨 나갈 텡께
연둣빛 색시 꿰차러
바람처럼 달려갈텡께

백목련

허정자

백목련이 피고 있다
봄을 향한
긴
기다림으로
수척해진 가지가지에
눈송이처럼 피어난
하얀 꽃송이
이미 소리 없이
봄은
우리 주변에 서성이고 있었던가

향내 한 점
— 먼저 떠난 그대를 생각하며

홍신선

그렇다. 어찌 피었다 지는 한낱 풀꽃뿐이겠는가.

누군가 살아서

평생 한세월 앉았다 떠난 자리에도

따시한 향내 한 토막은 감돌 마련인 것을.

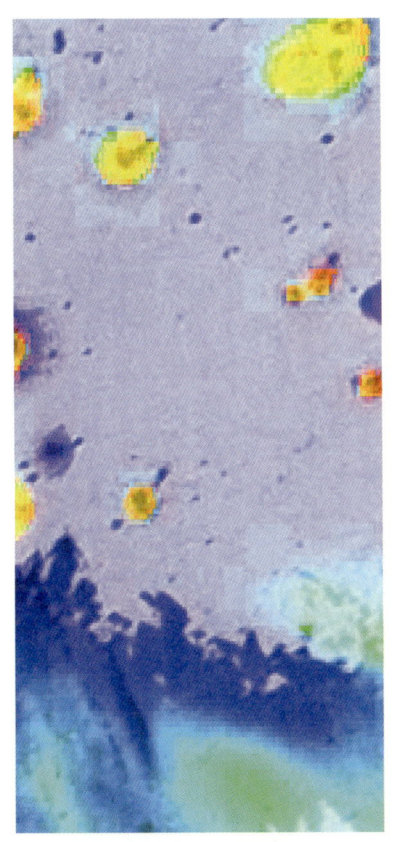

한로

휘 민

벌이 연꽃 속으로 들어가는 걸 보다가
눈 한 번 깜박였는데

꽃이 지고 있었다

꽃이 저문 자리에서 씨앗이 움트고
바람 몇 번 살랑이나 싶었는데

당신이 지고 없었다

진흙 속에서도 까치발 세워
연자를 하늘로 하늘로 밀어올리던

당신

염천의 저녁 다 건너
지금쯤 도리천에 닿았을까

대답은 들리지 않고

벌이 날아간 둥근 잎사귀에
찬 이슬이 맺힌다

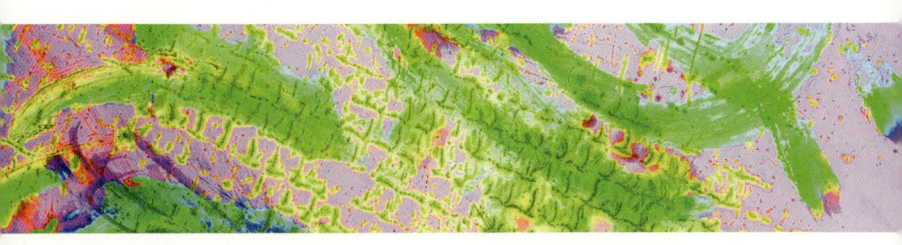

동국문학인회 시화집

떠도는 자의 노래

초판 1쇄 발행	2024년 9월 30일
지은이	신경림 외
그린이	윤고방
펴낸이	고미숙
펴낸곳	쏠트라인saltline
등록일	2016년 7월 25일
등록번호	제 2024-000007호
이메일	saltline@hanmail.net
배포처	도서총판 운주사 02-953-7181
ISBN	979-11-92139-59-3 (03810)
값	13,000원

• 이 책의 판권은 지은이와 쏠트라인에 있습니다.
• 이 책 내용의 전부 또는 일부를 재사용하려면 반드시 양측의 서면 동의를 받아야 합니다.
• 잘못 만들어진 책은 구입하신 서점에서 교환해드립니다.